BEI GRIN MACHT SICH IHR WISSEN BEZAHLT

- Wir veröffentlichen Ihre Hausarbeit, Bachelor- und Masterarbeit

- Ihr eigenes eBook und Buch - weltweit in allen wichtigen Shops

- Verdienen Sie an jedem Verkauf

Jetzt bei www.GRIN.com hochladen und kostenlos publizieren

Bibliografische Information der Deutschen Nationalbibliothek:

Die Deutsche Bibliothek verzeichnet diese Publikation in der Deutschen Nationalbibliografie; detaillierte bibliografische Daten sind im Internet über http://dnb.d-nb.de/ abrufbar.

Dieses Werk sowie alle darin enthaltenen einzelnen Beiträge und Abbildungen sind urheberrechtlich geschützt. Jede Verwertung, die nicht ausdrücklich vom Urheberrechtsschutz zugelassen ist, bedarf der vorherigen Zustimmung des Verlages. Das gilt insbesondere für Vervielfältigungen, Bearbeitungen, Übersetzungen, Mikroverfilmungen, Auswertungen durch Datenbanken und für die Einspeicherung und Verarbeitung in elektronische Systeme. Alle Rechte, auch die des auszugsweisen Nachdrucks, der fotomechanischen Wiedergabe (einschließlich Mikrokopie) sowie der Auswertung durch Datenbanken oder ähnliche Einrichtungen, vorbehalten.

Impressum:

Copyright © 2017 GRIN Verlag, Open Publishing GmbH
Druck und Bindung: Books on Demand GmbH, Norderstedt Germany
ISBN: 9783668457409

Dieses Buch bei GRIN:

http://www.grin.com/de/e-book/367033/psychische-gesundheit-von-kindern-und-jugendlichen

Katharina Krehan-Bastian

Psychische Gesundheit von Kindern und Jugendlichen

Nutzung von Primär- und Sekundärdaten aus Deutschland und anderen Ländern

GRIN Verlag

GRIN - Your knowledge has value

Der GRIN Verlag publiziert seit 1998 wissenschaftliche Arbeiten von Studenten, Hochschullehrern und anderen Akademikern als eBook und gedrucktes Buch. Die Verlagswebsite www.grin.com ist die ideale Plattform zur Veröffentlichung von Hausarbeiten, Abschlussarbeiten, wissenschaftlichen Aufsätzen, Dissertationen und Fachbüchern.

Besuchen Sie uns im Internet:

http://www.grin.com/

http://www.facebook.com/grincom

http://www.twitter.com/grin_com

Hochschule Magdeburg-Stendal (FH)

Fachbereich Sozial- und Gesundheitswesen
Fernstudium Angewandte Gesundheitswissenschaften

Einsendeaufgabe zum Modul

Nutzung und Bewertung von Primär- und Sekundärdaten aus Deutschland und anderen Ländern zum Thema „Kindergesundheit"

Inhaltsverzeichnis

Einleitung 2
1 Public-Health-Relevanz psychischer Auffälligkeiten 3
2 Wissenschaftliche Theorie 3
3 Fragestellung 3
   3.1 Auswahl der Suchbegriffe 3
   3.2 Recherche 4
   3.3 Eingrenzung und Ausschlusskriterien 4
   3.4 Publikationsauswahl 5
4 Aktueller Forschungsstand 5
   4.1 Bewertung der Datenquellen 6
5 Fazit 7
Literaturverzeichnis 8

Einleitung

Komplexe Einflussfaktoren an sozialen und wirtschaftlichen Bedingungen bestimmen den Gesundheitszustand von Individuen.

Soziale Determinanten von Gesundheit sind z. B. soziale Netzwerke, Familienformen, der Zugang zum Bildungssystem oder medizinischer Versorgung. Diese Faktoren sind bis auf Erbanlagen, Geschlecht und Alter beeinflussbar. So wirkt soziale Benachteiligung auf die gesundheitliche, kognitive und sozial-emotionale Entwicklung. Bereits in den 1990er Jahren sind chronische, insbesondere psychosomatische, psychische Gesundheitsbeeinträchtigungen von Kindern und Jugendlichen zu beobachten, welche einen sozialen Gradienten aufweisen. Die Auftretenshäufigkeit steigt mit abnehmendem sozio-ökonomischen Status und ist als Zusammenhang international und national bestätigt. Durch Armut bedingte Gesundheitsbelastungen führen zu Gesundheitsproblemen, sozialer Schlechterstellung, fehlender oder eingeschränkter Teilhabe (Richter-Kornweitz & Weiß, 2014).

Heute liegt der Schwerpunkt auf den chronisch körperlichen und psychischen Erkrankungen. Dabei gehen psychische Störungen häufig mit einem hohen individuellen Leidensdruck der Kinder und Jugendlichen einher, können über das Kinder- und Jugendalter hinaus bestehen und damit eine nachhaltige Beeinträchtigung in zahlreichen Lebensbereichen wie Bildungs- oder Berufserfolg, sozialen Bindungen darstellen (Ravens-Sieberer, Klasen & Petermann, 2016).

Diese Arbeit befasst sich mit dem Einfluss erlebter Armut auf die psychische Gesundheit im Kindes- und Jugendalter.

1 Public-Health-Relevanz psychischer Auffälligkeiten

Internationale bevölkerungsbezogene Stichproben zur Häufigkeit von psychischen Auffälligkeiten bei Kindern und Jugendlichen liegen im Bereich von 10 bis 20 %. Die Studie zur Gesundheit von Kindern und Jugendlichen in Deutschland weist auf eine Prävalenz von 20,2 % hin (RKI, 2015, S. 117). Diese Störungen beeinträchtigen die Lebensqualität und somatische Gesundheit nachhaltig. Der einhergehende Leidensdruck der Betroffenen, die erhöhten Kosten der Gesundheitsversorgung sowie die gesellschaftlichen und hohen individuellen, sozialen Störungen begründen eine hohe Public-Health-Relevanz (Hölling, Schlack, Petermann, Ravens-Sieberer & Mauz, 2014, S. 807).

2 Wissenschaftliche Theorie

Stressoren entstehen nicht aus dem Nichts. Diese haben eine individuell-biographische oder vielmehr eine gesellschaftlich-soziale Entstehungsgeschichte. Da ein niedriger sozioökonomischer Status eine dauernde Belastungssituation darstellt, wird als Theorie die umfangreichere sozialwissenschaftlich orientierte Stresstheorie von Pearlin ausgewählt (Faltermaier & Salisch, 2005, S. 79).

3 Fragestellung

Welche gesundheitsfördernden Familienroutinen beeinflussen die psychische Gesundheit von Kindern und Jugendlichen in Familien mit niedrigem sozioökonomischem Status?

3.1 Auswahl der Suchbegriffe

Verschiedene Suchbegriffe werden im Folgenden aufgeführt:

deutschsprachige Suchbegriffe	englische Suchbegriffe
Psychische Auffälligkeiten Kinder und Jugendliche	Psychological disorders children and adolescents
Soziale Herkunft	social background
Psychische Kindergesundheit	Mental Health
Armut Kinder und Jugendliche	Poverty children and adolescents

3.2 Recherche

Verfügbar ist eine Vielzahl von Literaturdatenbanken mit jeweils eigenen Themenschwerpunkten. Die Suche konzentriert sich auf das Datenbank-Infosystem des Bibliothekskatalogs der Fachhochschule Magdeburg-Stendal (SpringerLink), auf Publikationen des Robert Koch-Instituts sowie die Datenbank PSYNDEX.

3.3 Eingrenzung und Ausschlusskriterien

Die Suche ergibt für „Psychische Auffälligkeiten Kinder und Jugendliche" im Bibliothekskatalog 1.846 Resultate und für „Soziale Herkunft, psychische Auffälligkeiten Kinder und Jugendliche" 385 Ergebnisse. Der Abstract der 109. Jahrestagung der Kinder und Jugendmedizin e. V. (DEKJ) führt zum Download der Fachzeitschrift „Monatsschrift Kinderheilkunde 2013". Auf Seite 103 finden sich Hinweise zur Gesundheit von Kindern und Jugendlichen in Deutschland. Die Suche wird auf die Berichterstattung des RKI ausgedehnt, so dass die Suchbegriffseingabe „Armut psychische Auffälligkeiten Kinder und Jugendliche" 51 Treffer erbrachte.

Die PSYNDEX-Datenbank beinhaltet 1.800 Treffer für „Psychische Auffälligkeiten Kinder und Jugendliche" und für „Poverty psychological disorders children and adolescents" 883 Dokumente. Eine Filtereinstellung (nur in zpid.de) der Stichworte „social background, mental health" ergibt 41 Ergebnisse.

Die Resultate werden nach deutschen Artikeln, Relevanz, Zeitraum ab 2012, eine 100%ige Übereinstimmung der Suchbegriffe eingegrenzt.

3.4 Publikationsauswahl

Am 04.02.2017 werden 3 relevante Datenquellen ausgewählt.

- Psychische Auffälligkeiten und psychosoziale Beeinträchtigungen bei Kindern und Jugendlichen – Ergebnisse der KiGGS-Studie (Hölling et al., 2014)
- Gesund aufwachsen – Welche Bedeutung kommt dem sozialen Status zu? (Lampert & Kuntz, 2015)
- Psychische Kindergesundheit – Ergebnisse der BELLA-Kohortenstudie (Ravens-Sieberer et al., 2016)

4 Aktueller Forschungsstand

Auf ein hohes Niveau psychischer Auffälligkeiten deuten Ergebnisse epidemiologischer Studien hin. Ein Fünftel der Kinder und Jugendlichen zeigen psychische Auffälligkeiten. In Familien mit niedrigem sozioökonomischem Status ist die Erkrankungshäufigkeit mit einem Anteil von 33,5% deutlich höher als im Vergleich zu Familien mit hohem Sozialstatus von 9,8% (RKI, 2015, S. 491).

Die Ergebnisse der KiGGS Welle 1 weisen auf Unterschiede im Zusammenhang der langfristigen gesundheitlichen Risikofaktoren im Kindes- und Jugendalter je nach sozioökonomischer Lage hin. Indem Kinder in Familien mit niedrigem sozioökonomischem Status der chronischen Erfahrung von sozialer Benachteiligung und Armut ausgesetzt sind, stellt dies ein Hauptrisiko gesundheitlicher Belastungen dar (RKI, 2013). Britische Studien berichten 1999 und 2006 über einen Anstieg von Verhaltensproblemen. Für Europa kann dies in Vergleichsstudien nicht bestätigt werden, wobei für Deutschland erst mit der KiGGS Erhebung Daten vorliegen. Basierend auf der Befragung sind erstmals Aussagen zu Trends und Häufigkeit psychischer Auffälligkeiten in der Kinder- und Jugendbevölkerung möglich (Hölling et al., 2014).

Es werden die unter Punkt 3.4 aufgeführten Datenquellen nachfolgend bewertet.

4.1 Bewertung der Datenquellen

Mit der ersten Folgebefragung Welle 1 der Studie zu psychischen Auffälligkeiten und psychosozialen Beeinträchtigungen erfolgt die Erhebung aktueller Zahlen zur Prävalenz und Häufigkeit auf Grundlage der Daten zweier Erhebungszeitpunkte. Es wird in Trends zu sich ergebenen Veränderungen beider Messzeitpunkte, deren Ausprägung und Ausmaß der psychischen Auffälligkeiten analysiert. Der Strengths and Difficulties Questionnaire (SDQ) Fragebogen wird als quantitative Erhebung und international anerkanntes, valides Verfahren genutzt. Bildet die Spanne relevanter kinder- und jugendpsychiatrischer Probleme ab und umfasst die Symptom- als auch Beeinträchtigungsebene. Zusätzlich wird der Impactfragebogen eingesetzt und ermöglicht Aussagen zum Vorliegen von Beeinträchtigungen der psychosozialen Funktionsfähigkeit infolge von emotionaler oder verhaltensbedingter Auffälligkeiten (Hölling et al., 2014, S. 808). Die methodische Vorgehensweise der Randomisierung der Gruppen senkt fehlerhafte Einflussfaktoren. Der SDQ ist reliabel und misst gute psychometrische sowie signifikant höhere Ergebnisse in bestimmten Altersgruppen. Die Validität der Studie zeigt der herausgearbeitete Zusammenhang des sozialen Status und den Problemskalenwerten (Hölling et al., 2014, S. 814). Es werden Daten erhoben, so dass die Studie Primärdaten beschreibt (Oehlrich, 2015, S. 177). Veröffentlicht sind die Ergebnisse im Bundesgesundheitsblatt sowie in der Datenbank PubMed/Medline gelistet und einer internationalen Leserschaft verfügbar. Die Zeitschrift wird mit einem Impact Factor von 1,499 bewertet. Der Herausgeberbeirat besteht ausschließlich aus Wissenschaftlern (RKI, 2017). Das Literaturverzeichnis bildet aktuelle internationale und nationale Quellen ab. Zusammenfassend wird die Quelle als qualitativ hochwertig, repräsentativ und aktuell eingestuft.

Die Gesundheitsberichterstattung des Bundes (GBE) kompakt Ausgabe 2015 stellt Zahlen und Trends zur Bedeutung des sozialen Status für die Gesundheit von Kindern und Jugendlichen anhand aktueller Studiendaten dar. Diese sind in der Quelle übersichtshaft dargestellt. Im Beitrag zeigt die hohe Armutsbetroffenheit eine starke Abhängigkeit von Bildungschancen und sozialer Herkunft auf (Lampert et al., 2015). Auftrag des GBE ist eine aktuelle und umfassende Informationsgrundlage für die Gesundheitspolitik zu schaffen und begründet sachgerechte, aussagekräftige, objektive Beiträge (Lampert, Horch & List, 2010). Daten werden nicht erhoben, vorhandene Quellen zur weiterführenden Recherche zusammengefasst, so dass es sich um Sekundärdaten handelt. Die Artikelveröffentlichung erfolgt im Peer-Review Verfahren zur Qualitätssicherung. Das Literaturverzeichnis beinhaltet national als auch international aktuelle Quellen.

Als 3. Quelle wird die BELLA-Kohortenstudie bewertet. Ziel der längsschnittlich angelegten Studie sind Erkenntnisse zur psychischen Gesundheit mit Fokus auf der Untersuchung von Entwicklungsverläufen sowie die Identifikation von Risiko- und Schutzfaktoren psychischer Auffälligkeiten (Ravens-Sieberer et al., 2016, S. 5). Durch die Zuordnung der Teilstichprobe per Zufall ist dies ein repräsentatives, experimentelles Studiendesign in dem Primärdaten zu unterschiedlichen Zeitpunkten erhoben werden. Eingesetzt sind computergestützte Telefoninterview-Befragungen der Eltern und Kinder als standardisiertes, geprüftes und damit reliables Verfahren. Das BELLA-Modul ergänzt die KiGGS-Studie, hat den Prädikator für psychische Gesundheit identifiziert und stellt vertiefende Daten bereit, so dass die Validität gegeben ist (Ravens-Sieberer et al., 2016, S.8). Das Literaturverzeichnis hat einen direkten Bezug zur Zielstellung und ist aktuell. Die Ergebnisse sind in einer interdisziplinären Fachzeitschrift veröffentlicht.

5 Fazit

Um umfassende Informationen zur psychischen Gesundheit von Kindern und Jugendlichen zu gewinnen, sind die Ursachen und Bedingungen zu analysieren (Ravens-Sieberer et al., 2016). Vor diesem Hintergrund sind Interventionsstrategien zur Senkung der Ungleichheit und gesundheitsfördernde Modelle zur Stärkung der Familien als ganzheitlicher Schutzfaktor nötig.

Literaturverzeichnis

Faltermaier, T., & Salisch, M. v. (2005). *Gesundheitspsychologie* (1. Aufl.). Stuttgart: Kohlhammer.

Hölling, H., Schlack, R., Petermann, F., Ravens-Sieberer, U. & Mauz, E. (2014). Psychische Auffälligkeiten und psychosoziale Beeinträchtigungen bei Kindern und Jugendlichen im Alter von 3 bis 17 Jahren in Deutschland - Prävalenz und zeitliche Trends zu 2 Erhebungszeitpunkten (2003-2006 und 2009-2012): Ergebnisse der KiGGS-Studie - Erste Folgebefragung (KiGGS Welle 1) [Psychopathological problems and psychosocial impairment in children and adolescents aged 3-17 years in the German population: prevalence and time trends at two measurement points (2003-2006 and 2009-2012): results of the KiGGS study: first follow-up (KiGGS Wave 1)]. *Bundesgesundheitsblatt, Gesundheitsforschung, Gesundheitsschutz, 57*(7), 807–819. doi:10.1007/s00103-014-1979-3

Lampert, T. Horch, K. & List, S. e. a. (2010). Gesundheitsberichterstattung des Bundes: Ziele, Aufgaben und Nutzungsmöglichkeiten. Abgerufen am 05.02.2017 von http://edoc.rki.de/series/gbe-kompakt/sonstige/refJcpHqdWWdA/PDF/20zkl0bFBlloV3pc.pdf

Lampert, T., Kuntz, B. KiGGS Study Group. (2015). Gesund aufwachsen: Welche Bedeutung kommt dem sozialen Status zu? Abgerufen am 04.02.2017 von http://www.rki.de/DE/Content/Gesundheitsmonitoring/Gesundheitsberichterstattung/GBEDownloadsK/2015_1_gesund_aufwachsen.pdf?__blob=publicationFile

Oehlrich, M. (2015). *Wissenschaftliches Arbeiten und Schreiben*. Berlin, Heidelberg: Springer Berlin Heidelberg.

Ravens-Sieberer, U., Klasen, F. & Petermann, F. (2016). Psychische Kindergesundheit: Ergebnisse der BELLA-Kohortenstudie. *Kindheit und Entwicklung, 25*(1), 4–9. doi:10.1026/0942-5403/a000183

Richter-Kornweitz, A., & Weiß, H. (2014). *Armut, Gesundheit und Behinderung im frühen Kindesalter: Eine Expertise der Weiterbildungsinitiative Frühpädagogische Fachkräfte (WiFF). WiFF-Expertisen: Vol. 42.* München: Deutsches Jugendinstitut.

Robert-Koch-Institut (RKI). (2015). *Gesundheit in Deutschland. Gesundheitsberichterstattung des Bundes - Gemeinsam getragen von RKI und Destatis*. Berlin.

Robert Koch-Institut (RKI). (2017). Herausgeberbeirat: Bundesgesundheitsblatt. Abgerufen am 11.02.2017 von http://www.rki.de/DE/Content/Kommissionen/Bundesgesundheitsblatt/bgbl_node.html

Robert Koch-Institut (RKI). (2013). KiGGS: Die Gesundheit von Kindern und Jugendlichen in Deutschland. Abgerufen am 29.01.2017 von http://www.rki.de/DE/Content/Gesundheitsmonitoring/Studien/Kiggs/Kiggs_w1/kiggs_welle1_broschuere.pdf?__blob=publicationFile

BEI GRIN MACHT SICH IHR WISSEN BEZAHLT

- Wir veröffentlichen Ihre Hausarbeit, Bachelor- und Masterarbeit

- Ihr eigenes eBook und Buch - weltweit in allen wichtigen Shops

- Verdienen Sie an jedem Verkauf

Jetzt bei www.GRIN.com hochladen und kostenlos publizieren